MÉMOIRES

D'UN

EX-FONCTIONNAIRE CONFIDENTIEL DU MINISTÈRE DE L'INTÉRIEUR

SUR LE

PERSONNEL GOUVERNEMENTAL

DE LA

RÉPUBLIQUE

TROISIÈME LIVRAISON

PRIX DE LA LIVRAISON **UN** FRANC

PARAISSANT TOUS LES VENDREDIS

IMPRIMERIE WERTHEIMER, LEA ET CIE., CIRCUS PLACE, LONDON WALL, LONDRES.

PAR ABONNEMENT

12 Livraisons   ...   .   **10** francs
24 Livraisons   ...   .   **18**   ,,

Adresser tous mandats à MM. WERTHEIMER, LEA ET CIE, CIRCUS PLACE, LONDON WALL, LONDRES.

DÉPOT CENTRAL, A PARIS:

CHEZ M. PÉNIN, 146, RUE MONTMARTRE

A LONDRES:

CHEZ PETITJEAN, LIBRAIRE, 39, OLD COMPTON STREET, W.

MÉMOIRES

D'UN

EX-FONCTIONNAIRE CONFIDENTIEL DU MINISTÈRE DE L'INTÉRIEUR

SUR LE

PERSONNEL GOUVERNEMENTAL DE LA RÉPUBLIQUE

No. 3. 5 MARS 1886 VOL. I.

TABLE DES MATIÈRES

WALDECK-ROUSSEAU

(*Suite.*)

Le *Crédit Républicain* une fois lancé, *par ordre,* dans cette voie anti-présidentielle, ne s'arrêta plus, pour ne pas déplaire au maître de la baraque ministérielle, le grrrrand Gambetta, et pour satisfaire surtout les rancunes personnelles de l'irascible Waldeck contre M. Wilson.

Ainsi, dans le deuxième numéro du journal, une charge à fond de train était-elle faite contre *La Paix,* que le Ministre de l'Intérieur me faisait désigner comme *l'organe de quelques familiers de l'Elysée déçus ou évincés ; et comme l'écho des idées ambitieuses* du gendre du Président de la République.

Or, dans le même numéro, M. Allain-Targé, pour répondre aux imputations de certains journaux qui l'accusaient d'avoir pesé sur les cours de nos fonds d'Etat en faisant pousser à la baisse, avait fait insérer une note dans laquelle il était dit que *le Ministre des Finances, comme a'ailleurs ses collègues du Cabinet, n'avait pour préoccupation que de voir nos rentes et toutes les valeurs françaises se maintenir constamment à un taux répondant à la confiance et au crédit qu'inspirait le gouvernement de la République.*

Comme on le voit, ces deux fantoches, Waldeck et Allain-Targé, ne marchandaient pas la besogne au *Crédit Républicain,* et ne négligeaient point, dès la première heure, d'exiger de ce journal qu'il leur en donnât pour leur argent (1,000 fr. par mois).

Le 14 décembre, le Rousseau m'obligea à sangler de quelques étrivières M. Ribot, qui avait eu l'audace d'intervenir dans la discussion des crédits ministériels et qui avait eu le talent de faire décider par la Chambre que la création et la suppression des départements ministériels devait rester dans les attributions du pouvoir législatif.

En m'inspirant l'article qui atteignait l'honorable député du Pas-de-Calais, le présomptueux Ministre voulait non seulement relever durement les critiques aussi acerbes que fondées que M. Ribot avait émises à la tribune contre la politique du dictateur, mais encore et surtout se venger des sarcasmes qu'il avait lancés contre le Cabinet dans cette conversation du 22 novembre que j'avais eue avec lui, à la rue de Turin, et que j'ai citée plus haut.

Dans ce même numéro, un de mes collaborateurs, très versé dans tout ce qui touche aux affaires financières, et très habile par-dessus le marché, consacrait à la politique et aux projets financiers de M. Allain-Targé, un long article qui fit une certaine sensation à la Bourse ainsi que dans les couloirs du Parlement.

C'est ce même écrivain qui défendit aussi dans le *Crédit Républicain*, avec autant de talent que de savoir, dans des articles très remarqués, le rachat des chemins de fer par l'Etat ainsi que la conversion de la rente.

Le mercredi 28 décembre 1881, le *Crédit Républicain* publiait sous le titre *L'Homme de la Bourse* un violent article contre M. Léon Say, dans lequel l'auteur, qui n'était autre que M. Arthur Huc, secrétaire particulier de M. le Ministre des Finances, après avoir désigné le prédécesseur de M. Allain-Targé comme étant *l'ami des princes d'Orléans, le commensal de MM. de Rothschild, et le protégé des grandes compagnies*, disait ce qui suit :

Aussi préférons-nous à M. Léon Say, qui est l'homme de la Bourse, M. Allain-Targé, qui nous semble être l'homme des capitalistes et des rentiers en général, et le gardien des intérêts populaires et démocratiques !!

M. Arthur Huc aurait pu ajouter que M. Allain-Targé était surtout le gardien de ses intérêts personnels, puisque c'était grâce à lui qu'il émargeait au budget de la République.

Je pourrais citer vingt articles parus dans le *Crédit Républicain* contre M. Léon Say ou contre M. Wilson, aussi bien sous le grand Ministère qu'après sa chute, pour démontrer, non seulement que l'opportunisme a toujours compris dans son programme une opposition systématique à la politique présidentielle et une haine irréconciliable contre le gendre de M. Grévy, et contre tous les familiers de l'Elysée, mais encore que mon journal, après le renversement du corbeau de Cahors, dont MM. Etienne et Emmanuel Arène ont fait un aigle, jusqu'à sa disparition, qui n'eut lieu qu'au mois de juillet 1883, avec la cessation de mes fonctions à l'hôtel Beauvau, que mon journal, dis-je, a constamment et énergiquement défendu les projets financiers de la bande gambettiste quoiqu'il ne reçût plus aucune subvention.

Mais j'aurai l'occasion, au cours de ce récit, de fournir d'autres preuves de la mauvaise foi politique des opportunistes et de la persistance avec laquelle ils ont toujours poursuivi dans la polémique de leurs journaux, comme dans leurs intrigues parlementaires, tous ceux qui ont l'honneur d'approcher le chef de l'Etat, et qui ne sont point partisans de leur autoritarisme, et je ferai aussi connaître comment j'ai été récompensé de mon zèle et de mon dévouement par ces deux sinistres copains, Allain-Targé et Waldeck, pour qui la reconnaissance des services rendus est un mythe, et dont tout le sens politique réside dans l'assouvissement de leurs appétits et de leur ambition.

Je reviens donc au polichinelle qui occupait le pouvoir au Ministère de l'Intérieur, par la grâce de Gambetta, et dont j'étais devenu le confident obligatoire.

* * *

Le 16 novembre, j'étais allé chez l'excellent M. Lepère pour le prier de me faire connaître son opinion sur la composition du nouveau Cabinet. Je trouvai l'ancien Ministre de l'Intérieur en train de s'habiller pour se rendre à une mairie quelconque où il devait assister à un mariage, comme témoin.

Tout en mettant sa cravate et en chaussant ses bottines, M. Lepère avait bien voulu me déclarer que le Ministère manquait de prestige, et que sa composition avait produit un très mauvais effet sur le Parlement. A son avis, M. Gambetta avait eu tort, pour des raisons que chacun connaissait, de prendre pour collègues MM. Gougeard et Rouvier, et de confier les Cultes à Paul Bert, dont le caractère cassant ne pourrait que nuire à la marche de l'administration qui venait de lui être confiée.

Quant à la nomination de Waldeck-Rousseau comme Ministre de l'Intérieur, M. Lepère trouvait que c'était un comble, et il s'étonnait que le président du Conseil eût choisi pour collaborateur cet ex-enfant de chœur sans expérience, plein de morgue et d'orgueil, que la Chambre connaissait à peine, qui n'avait pas encore donné la mesure de son talent et de son habileté politique, et qui ressemblait à un jésuite défroqué (*sic*).

L'ex-Ministre avait ajouté que M. Allain-Targé n'était pas à sa place aux Finances, en raison de la mobilité de ses idées, de l'originalité de son caractère, de l'impressionnabilité de son esprit et de l'intempérance de ses goûts et de ses passions.

Enfin, M. Lepère comme M. Ribot, comme M. Batbie, m'avait exprimé la pensée que le Cabinet Gambetta, composé de ganaches qui représentaient des éléments politiques hétérogènes, qui n'avait ni la confiance du chef de l'Etat ni celle du Parlement, qui, tout en manquant de femmes en avait encore trop, que ce Cabinet n'en avait pas pour six mois dans le ventre et n'était appelé à exercer aucune influence sur la situation du pays.

Le même jour, j'avais vu un autre ancien Ministre de l'Intérieur, républicain aussi ferme que sensé, lequel ne s'était pas gêné non plus pour qualifier très durement le nouveau Ministère. D'après lui, le Cabinet formé par Gambetta était un assemblage de nullités tellement évidentes et grossières qu'il ne comprenait pas comment l'ex-dictateur avait pu s'en entourer :

" Rouvier, un parvenu marseillais dont le passé aurait été marqué par des excès que son mariage avec Claude Vignon n'avait pas fait amnistier.

" Gougeard, un capitaine de vaisseau dont la carrière militaire, à part l'exubérance de son républicanisme, n'était encore marquée d'aucun éclat.

" Devès, ce terre-neuve parlementaire dont l'ignorance politique causait des nausées à tous ses collègues, et dont le gasconnage, quand il parlait à la tribune, faisait tordre tous ceux qui l'entendaient.

" Paul Bert, ce vivisecteur insolent et provocateur, jeté comme un défi au clergé et à toute la population chrétienne du pays.

" Cazot, ce légiste *immaculé*, hirsute, aux ongles constamment en deuil, aux habits crasseux, ce tripoteur placé à la tête de la magistrature française.

" Waldeck-Rousseau, ce paillasse à la raideur impertinente, à l'aspect terreux, que son ambition pourtant avait fait courber devant le maître, et que ses génuflexions seules avaient fait choisir pour ministre de l'Intérieur.

" Enfin Margue, tiré de son bourbier comme pour ajouter encore à l'éloignement et à la répugnance qu'inspirait le Cabinet, en répandant sur lui les étranges parfums qui se dégagent parfois de la trivialité de son langage."

Tels étaient, d'après l'honorable ex-Ministre, les hommes que Gambetta, poussé au pouvoir malgré lui, découragé par les tentatives infructueuses qu'il avait faites auprès des chefs de diverses fractions républicaines, et fatalement acculé aux nullités, avait choisi pour collaborateurs.

Pour lui, tout le Ministère se résumait en M. Gambetta ; c'était, me dit-il, beaucoup, mais ce n'était pas assez.

Je n'ai résumé aussi mes conversations avec ces ex-fonctionnaires républicains que pour démontrer combien, aux yeux de ces deux anciens ministres, conformément d'ailleurs à l'opinion générale du Parlement, combien, dis-je, la composition du nouveau Cabinet offrait peu de garanties politiques, inspirait peu de confiance, avait peu de chances de durée, et jusqu'à quel point la nomination du pleutre Waldeck était regardée par tous comme une faute et constituait, de la part de Gambetta, un acte d'inhabileté gouvernementale tellement évidente qu'on devait en augurer sûrement l'impossibilité pour lui de conserver longtemps le pouvoir.

J'eus l'occasion, bien entendu, de rapporter plus tard au Rousseau

45

les termes, adoucis toutefois, par lesquels ces divers personnages avaient caractérisé cet assemblage de niais et d'inexpérimentés qui avaient la prétention d'être *grands*, et de donner un certain éclat au gouvernement de la République ; je lui fis connaître aussi, avec la satisfaction de lui être désagréable, leur sentiment à son égard. Mais ce sot orgueilleux, qui s'efforçait de sourire pour me cacher son profond dépit, laissa tomber lentement de ses lèvres, en pesant avec intention sur chacune de ses paroles, le verdict suivant :

" Je n'ai que faire et me soucie fort peu de ce que peuvent penser de moi le diabétique Lepère, le tripoteur de M..., le flétri de Fourtou, et tous les décavés politiques que ma nomination a exaspérés ou qui auraient voulu sans doute être choisis à ma place. Quant au président du Conseil, il est au-dessus de ces malignités envieuses, de ces bavardages aussi ridicules que mesquins, et il saura bien démontrer avant peu que tous ceux qui l'attaquent ne lui vont pas à la cheville, et qu'il est de taille à gouverner aussi longtemps qu'il le voudra." (*sic*).

Comme on le voit, ce Waldeck joint à son ignorance administrative une absence de diagnostic politique qui suffirait à le faire regarder comme le plus complet et le plus ridicule des sots opportunistes dont le Parlement est infecté, si ses prétentions aussi hautaines que peu fondées, son outrecuidance et sa fatuité ne le constituaient pas déjà le plus impertinent des vantards et le plus malotru des goujats.

*　*　*

Waldeck, élevé au milieu d'une famille qui avait tout juste l'aisance nécessaire pour vivre sans demander du pain à ses voisins ; Waldeck, qui occupait à la rue d'Aubigny un logement de commis à douze cents francs par an, dans lequel, ainsi que j'ai eu déjà l'occasion de le dire, il n'y avait aucune trace de luxe ni même aucune apparence de confort, avait trouvé, en entrant à l'hôtel Beauvau, que les tentures n'y étaient pas assez fraîches, les tapis pas assez moëlleux, et les meubles pas assez somptueux.

Aussi, cet ancien aide-sacristain, qui avait usé ses genoux sur les marches des autels dans les églises de Nantes, et que les hasards de la politique et la volonté de Gambetta avaient transporté dans le lit de Mme de Persigny, s'empressa-t-il de vouloir faire grand, dès son entrée au Ministère, et de suivre les fantaisies et les errements coûteux de son prédécesseur, M. Constans, lequel, pour complaire aux goûts fantaisistes de sa femme, avait fait complètement gratter, ainsi que je le dirai ailleurs, deux salons qui venaient d'être remis à neuf, et les avait fait orner de peintures et de dorures nouvelles.

Donc, Waldeck qui voulait, lui, complaire aux désirs de Rousseau, se laissant aller à des caprices aussi ridicules que dispendieux, fit recouvrir des meubles qui n'en avaient nul besoin, renouveler des tapisseries toutes neuves mais dont les dessins ne lui plaisaient point ; exécuter enfin des travaux aussi divers qu'inutiles pour une somme assez considérable, laquelle fut payée en une seule fois, je crois, à la maison Choquel, de la rue Vivienne, fournisseur et entrepreneur habituel du Ministère de l'Intérieur.

Or, il me sera bien permis de demander à l'ex-Ministre sur quel crédit il prit les fonds nécessaires pour subvenir à ces dépenses extraordinaires, et si ce n'est pas à l'aide des fonds secrets, ce qui serait un étrange abus d'autorité, qu'il lui fut possible de payer l'importante facture de la maison Choquel.

Ce qui est certain, c'est que l'ameublement de l'hôtel Beauvau fut en partie renouvelé ou remis à neuf, et que ce pauvre Waldeck ne put en avoir qu'une jouissance éphémère, puisque, peu de semaines après, il se trouvait entraîné dans la chute de son maître Gambetta, et obligé de céder la place à l'outrecuidant Goblet.

* * *

Le 29 novembre, à six heures du soir, je fus reçu de nouveau par le Ministre.

Waldeck m'interrogea naturellement sur les faits du jour.

Je lui répondis que M. W…, que j'avais vu le matin même, avait émis l'idée que Tirman, le nouveau gouverneur de l'Algérie, dont le nom était allemand, devait avoir du sang prussien dans les veines, en ajoutant qu'il ne le croyait pas appelé, n'étant ni un homme d'initiative, ni un homme d'action, à faire briller l'administration française sur le sol africain.

Puis, je lui fis part des quasi murmures que provoquait chez certains membres du Parlement le retard apporté par M. Gambetta au choix des ambassadeurs démissionnaires, et enfin je terminai mes communications en lui signalant, d'après les journaux anglais, le mauvais effet que continuait à produire dans la haute société britannique le séjour à Londres de M. Challemel-Lacour, en qualité de représentant officiel de la République française.

Alors ce ministricule, aussi ignorant que vantard, me déclara que le Président du Conseil était bien résolu à maintenir M. Challemel-Lacour à Londres, et que, quant aux vacances diplomatiques de Berlin et de St-Pétersbourg, il allait les faire combler par des personnalités assez marquantes pour représenter fièrement la France devant les Cours monarchiques, auprès desquelles elles seraient accréditées ; qu'au surplus M. Gambetta n'avait pas à s'occuper des bavardages de quelques Députés grincheux ou à s'inquiéter de l'opinion de réactionnaires flétris, et que, lorsqu'il croirait l'heure venue, il saurait bien compléter par des choix heureux notre personnel diplomatique à l'étranger.

Comme je n'avais rien à répondre à ces prétentieuses affirmations, je courbai la tête en signe d'assentiment, et me retirai en riant sous cape d'une telle outrecuidance.

Le 1er décembre, Rousseau voulut bien m'annoncer, en se frottant les mains, la nomination du Baron de Courcel à l'Ambassade de Berlin.

" Voilà, me dit-il, un choix excellent qui fait honneur à la perspicacité de M. Gambetta, et vous verrez cependant qu'il donnera lieu à d'amères critiques aussi bien dans une certaine presse que dans les couloirs du Parlement."

Le 3 du même mois, comme je lui racontais ce qui s'était passé à la réunion des membres de l'*Alliance Socialiste*, relativement à l'exécution de Francis Jourde, qui avait eu le tort de se porter candidat à Lyon sous le patronage du comité gambettiste, Waldeck me répondit, avec le cynisme qui lui est familier, qu'il lui importait fort peu que l'ex-communard eût été exécuté par ses coreligionnaires politiques, attendu qu'il n'avait, lui, que du mépris pour cet ancien compagnon de chaîne de Rochefort, pour cet évadé de Nouméa que l'ambition seule avait rendu plus souple, et qui n'avait rompu avec les collectivistes révolutionnaires que par intérêt personnel.

Puis au moment où je me retirai :

" A propos, M. d'A..., me dit-il, que pensez-vous du scrutin de demain ? "

Je lui dis que je croyais que M. Ernest Lefèvre serait élu à Paris, et que M. Humbert le serait à Lyon ; en ajoutant que je ne pouvais prévoir ce qui se passerait dans les Bouches-du-Rhône, mes renseignements n'étant pas très précis sur les dispositions du suffrage universel dans ce département.

" Soit, me répondit le Ministre ; quant à moi je n'ajoute guère d'importance à ces élections partielles, qui ne peuvent en rien modifier la situation respective des partis à la Chambre ; et je serai satisfait, pourvu qu'Humbert ne soit pas élu.

" Cet homme, ajouta-t-il, a le talent de me déplaire, non pas que je redoute sa présence dans le Parlement, car il n'a aucune valeur réelle, mais parce que c'est un brouillon et un braillard, et que nous avons déjà assez et même trop de braillards parmi les Députés intransigeants.

" Mais si je dois ajouter foi aux informations qui viennent de m'être fournies par le Préfet du Rhône, Humbert ne sera pas élu."

Je ne pouvais que répondre *Amen ;* et c'est ce que je fis.

Le lundi, 5 décembre, à 3 heures, je rencontrai, dans la cour d'honneur de l'hôtel Beauvau, M. Waldeck-Rousseau qui se rendait à la Chambre.

" Eh bien, me dit-il, vous voyez qu'Humbert n'a pas été élu."

C'est vrai, lui répondis-je, mais c'est lui qui tient la corde et il y a tout lieu de penser que le scrutin de ballotage en fera un député.

" Nous *verrons bien*," reprit le Ministre, en accentuant ces mots de toute l'ironie de son sourire et de toute la fausseté de son regard ; et là-dessus il me quitta sans daigner me rendre le salut que je venais de lui adresser.

Je revis le soir à six heures ce ridicule matamore, car je tenais à lui faire connaître le mauvais effet qu'avait produit, sur tous les esprits sensés, sa récente circulaire aux Préfets, relativement à l'ingérance des Députés dans les demandes de faveur.

Je lui dis donc que, de l'avis de deux anciens Ministres, ses prédécesseurs, et de celui de tous les membres du Parlement que j'avais eu l'occasion de voir, cette circulaire avait été trouvée très hasardée et surtout complètement inutile et même dangereuse, attendu que, non seulement elle n'aurait pas pour effet d'écarter les solliciteurs, mais encore qu'elle avait froissé et indisposé un grand nombre de Députés de tous les partis.

Waldeck se borna à hausser les épaules, comme pour signifier tout le dédain que lui inspirait l'opinion manifestée par ses collègues du Parlement.

Mais comme j'étais en train de lui être désagréable, je m'empressai d'ajouter que les mêmes personnages m'avaient déclaré qu'ils étaient contre la Revision, contre le rachat des chemins de fer par l'Etat et contre la suppression du budget des Cultes, qu'ils voteraient contre toutes ces mesures si elles étaient proposées par le Gouvernement et que si Gambetta ne s'arrêtait pas dans sa voie de désorganisation politique et administrative, ils seraient les premiers à faire provoquer son renversement.

Cette fois, Rousseau fronça le sourcil, mais il continua à garder le silence.

S'il m'était permis de révéler les noms des honorables qui avaient bien voulu me communiquer, ce jour-là, leurs impressions et leurs intentions, Waldeck se convaincrait qu'ils ont tenu leur parole, et que c'est surtout grâce à leur concours, voire, pour quelques-uns, grâce à leur intervention dans la discussion de la proposition revisioniste soumise à la Chambre par le Gouvernement, que fut due la profonde chute du poussif braillard de Cahors.

*　*　*

On commençait alors à parler vaguement de la démission probable de M. Allain-Targé dont l'insuffisance, comme Ministre des Finances, devenait de plus en plus évidente, et dont l'impopularité dans le monde des affaires ne faisait que s'accentuer de jour en jour. On prononçait naturellement le nom de M. Léon Say pour remplacer ce fantoche illuminé.

On croyait d'autant plus à la démission de ce grotesque Ministre, qu'après le remarquable discours par lequel, dans la séance du 8 décembre, l'honorable M. Ribot, en combattant les crédits ministériels, avait littéralement écrasé le Président du Conseil, et démontré que la création de nouveaux ministères était, de la part du Gouvernement, un acte aussi arbitraire qu'inconstitutionnel, il semblait qu'à la veille de la discussion des crédits Tunisiens, qui pouvait faire subir un échec au ministère, M. Gambetta voudrait s'adjoindre un collaborateur assez habile et assez influent pour l'aider avec profit dans la lutte qui allait s'engager sur cette question.

Mais telle n'était pas l'intention de l'ex-dictateur, et Waldeck que je questionnai à ce sujet, dans la matinée du 10 décembre, en lui affirmant que cette démission était non seulement désirée par la haute finance, mais encore par la majorité du Parlement, me répondit que M. Gambetta ne céderait pas plus aux désirs des tripoteurs de la Bourse qu'aux injonctions des intrigants de couloirs, et que d'ailleurs le Président du Conseil n'avait besoin de l'éloquence de personne pour faire adopter, par la Chambre, les projets qu'il avait l'intention de soumettre à son examen et à son approbation.

Telle fut la réponse de ce cuistre, aussi bête que présomptueux.

Avant de me congédier, il m'ordonna de démentir, dans le *Crédit Républicain*, tous les bruits mis en circulation au sujet de la prétendue démission de son ami Allain-Targé; ce que je fis, dans le numéro du 14 décembre, par un entrefilet qui se terminait ainsi :

"Nous le répétons donc, M. Allain-Targé n'est ni découragé ni malade; il se porte au contraire très bien; il se familiarise de plus en plus tous les jours avec les nombreux rouages de l'important département ministériel dont il est le chef, et nous croyons savoir qu'il ne tardera pas à démontrer, par les réformes et les perfectionnements qu'il saura introduire, qu'il est parfaitement à sa place et que M. Gambetta, en lui confiant la haute direction des Finances nationales, a fait un excellent choix."

Ouf !

N'est-ce pas, cher lecteur, que le Rousseau me faisait rudement travailler pour gagner la subvention mensuelle de mille francs qu'il avait accordée au *Crédit Républicain*, et que le métier d'officieux devient bien pénible quand il faut écrire de pareilles impostures et tromper l'opinion publique pour complaire aux mannequins qui détiennent le pouvoir.

Bien entendu, mon entrefilet avait été inspiré par Waldeck et approuvé par son compère Targé avant d'être livré aux compositeurs de mon journal.

C'est ainsi que s'écrit l'histoire politique contemporaine, que s'établissent les réputations de nos soi-disant hommes d'Etat, et que les fantoches républicains devenus Ministres se font dresser un piédestal par les reptiles qu'ils entretiennent sur les fonds secrets.

Je pourrais interpeller à ce sujet un certain nombre de journalistes dont je connais, mieux que personne, les prouesses officieuses que j'étais chargé de payer et dont ma plume généreuse se refuse à écrire les noms, et qui tous, sans exception, si le respect humain ne les retenait, s'empresseraient de reconnaître qu'il n'y a rien de plus mortifiant pour un travailleur de la pensée que cette obligation de traduire, en style ronflant et empoulé, les adulations que se font quotidiennement décerner les quelques paillasses qui composent ce qu'on est convenu d'appeler un Cabinet.

La situation exceptionnelle que j'occupais au Ministère de l'Intérieur ne me permettait point de m'abstenir de ces complaisances dans le journal que j'avais créé par ordre et qui était absolument destiné à défendre la politique gouvernementale de l'opportunisme, mais combien je plains les malheureux confrères qui, n'y étant point obligés, acceptent cette humiliation, prostituent leur prose quotidienne et endossent la livrée ministérielle pour quelques louis sortis des fonds secrets ! !

(A suivre.)

L'EX-COMMUNARD X... B...

En renonçant à se servir d'X... B... comme journaliste, M. Constans ne voulait pas cependant se priver de son concours. Il comptait bien, au contraire, l'employer dans toutes les circonstances où il aurait besoin de faire agir l'élément révolutionnaire dans l'intérêt du gouvernement.

On était alors, à Paris, (2 janvier 1881) en pleine période électorale pour le renouvellement du conseil municipal.

Un rédacteur de la *République française*, très appuyé par Gambetta, M. Edgard Monteil, s'était porté candidat dans le 14e arrondissement, au Petit Montrouge. Il avait pour adversaires MM. Malpas-Duché, Martelet et Gaillard fils.

M. Malpas-Duché était le candidat conservateur; MM. Martelet et Gaillard fils représentaient des nuances diverses du socialisme, et M. Monteil, quoique opportuniste, ou plutôt parce qu'il était opportuniste, se portait comme ultra-radical.

Or, il fallait qu'à tout prix M. Monteil fût élu. Ainsi le voulait le grand chef de l'opportunisme.

La candidature de M. Malpas-Duché ne portait aucun ombrage au Ministère de l'Intérieur. Mais il était à craindre que la majorité des suffrages républicains ne se portât sur M. Martelet, candidat socialiste dans ce quartier qu'on pouvait supposer, à juste raison, acquis à la politique révolutionnaire.

Comment faire pour éviter ce résultat probable dont Gambetta aurait été bien loin de se montrer satisfait?

Le Ministre était, à ce sujet, assez inquiet et assez perplexe, et il s'en entretenait avec moi dans cette matinée du 2 janvier, quand, tout à coup, une idée lumineuse traversant mon esprit, je m'écriai :

" Mais c'est bien simple ; il faut diviser autant que possible les
" voix des soi-disant protestataires et des ultra-radicaux, afin que
" M. Monteil puisse obtenir la majorité obligatoire ou, à défaut du
" succès, pour nécessiter un ballottage qui donnera tout le temps d'a-
" gir dans le but d'amener son élection au second tour. Faisons
" porter X... B... au Petit Montrouge, et la farce sera jouée on ne
" peut mieux. "

M. Constans, saisissant mon projet au bond, m'ordonna de ne pas perdre une minute, de courir sur-le-champ après le futur candidat et de le lui amener dans la soirée, s'il était possible, afin qu'il pût lui donner ses instructions.

Il était quatre heures. X... B... habitait, à cette époque, une petite ville de la banlieue de Paris, et je savais qu'il dînait rarement chez lui. Toutefois, je lui adressai à tout hasard une dépêche urgente dans laquelle je lui indiquais un rendez-vous au café de Bade pour dix heures.

Chose rare, ce soir là, l'ex-communard tenait compagnie à sa jeune et très charmante femme ; aussi reçut-il mon télégramme assez à temps pour pouvoir me rejoindre à l'heure convenue au boulevard des Italiens.

Je lui expliquai, en quelques mots, la proposition que voulait lui faire le Ministre ; il se montra disposé à l'accepter avec empressement.

Nous nous rendîmes donc aussitôt à l'hôtel Beauvau, où M. Constans lui indiqua le rôle qu'il aurait à jouer comme candidat municipal.

Il fut convenu qu'il devait lancer une profession de foi très radicale, tout en excluant toute idée de socialisme, de collectivisme et de propagande révolutionnaire, et qu'il défendrait énergiquement sa candidature dans toutes les réunions. En retour de son intervention dans cette lutte électorale, M. Constans lui promit une forte gratification.

Dès le lendemain, des affiches annonçant la nouvelle candidature intransigeante furent apposées dans le quatorzième arrondissement, et, vingt-quatre heures après, s'étalaient sur les murs du Petit-Montrouge, le programme de l'agent déguisé du Ministère de l'Intérieur.

Chose curieuse, ce programme, assez accentué d'ailleurs, fut approuvé par plusieurs organes du parti avancé, et je ne crains pas de dire que X... B... aurait pu être élu, si M. Constans avait voulu faire mettre en œuvre, pour lui, le puissant levier des fonds secrets.

Mais tel n'était pas son but ; ce qu'il voulait pour plaire au maître, c'était de faire élire M. Edgard Monteil.

Or, ainsi que nous l'avions prévu, le scrutin ne donna, le 9 janvier, aucun résultat définitif au Petit-Montrouge ; il y avait ballottage, et l'élection était renvoyée au 16 du même mois.

X... B... se désista naturellement en faveur de M. Monteil, sur qui se reportèrent à peu près toutes les voix que l'ex-communard avait obtenues, et grâce à ce concours, grâce aussi à certaines menées qui détachèrent de ses concurrents, en sa faveur, un certain nombre d'autres suffrages, le protégé de Gambetta fut élu.

Je crois pouvoir affirmer que le nouveau conseiller municipal avait absolument ignoré toutes les intrigues ourdies pour assurer son succès, et je ne serais pas étonné qu'il en trouvât la première nouvelle dans ces mémoires.

M. Constans n'avait pas l'habitude de rendre compte de ses agissements aux personnes mêmes qui l'intéressaient, à moins de nécessité urgente. Mais Gambetta, lui, était très bavard ; aussi peut-il avoir tout dit à M. Monteil.

Dans tous les cas, les intransigeants ne surent rien de toutes ces combinaisons, qui eurent pour conséquence l'échec de leurs candidats.

Quant à X... B..., s'il ne fut point conseiller municipal, il toucha du moins la gratification convenue, que je lui remis moi-même en deux fois, contre des reçus dont un est encore entre mes mains ; et, pour lui, de toute cette affaire, c'était là le meilleur résultat.

Comme on le voit, je tenais alors assez solidement mon homme pour pouvoir m'en servir à peu près à mon gré.

Je continuai donc à le voir ; et quand je ne pouvais pas le rencontrer au café de Bade, lieu ordinaire de nos rendez-vous, je le recevais chez moi, le soir, généralement à sept heures, ce qui lui permettait de prendre sa part de mon dîner.

X... B... voulut bien aussi nous amener sa femme, que Mme d'A... et moi nous trouvâmes charmante, que nous eûmes aussi plusieurs fois le plaisir de recevoir, et que nous présentâmes à nos amis. Je m'empresse de reconnaître que Mme X... B... méritait au plus haut degré tous les égards que nous eûmes pour elle, qu'elle a toujours fait preuve de la meilleure éducation et qu'elle est douée des plus précieuses qualités.

Il va sans dire que son mari, que je faisais vivre avec les fonds secrets, me tenait au courant des agissements du parti révolutionnaire.

Ainsi, il me fit savoir que Secondigné, s'étant présenté à la loge des Amis (G. O.), avait été ajourné pour supplément d'enquête, en ajoutant que ce journaliste radical étant très besoigneux, il eût été facile, en lui donnant de l'argent, de faire cesser la *Pieuvre Gambetta* que E. Digeon publiait dans le *Citoyen*.

Il m'apprit que le journal *Ni Dieu ni Maître*, créé et publié par Eudes, au moyen de l'héritage Tridon, et grâce au concours d'un fanatique de Blanqui, nommé Grangé, se trouvait à l'agonie et était bien près de disparaître ; que ce même Grangé aurait autrefois fourni des fonds pour l'achat des armes dans l'affaire dite *de la Villette* ; mais que, n'ayant plus aucune ressource, il n'avait pu, en dernier lieu, rien faire pour l'ex-prisonnier de Clairvaux, dont la mort toute récente avait d'ailleurs paralysé tous ses partisans.

Revenant un jour sur l'affaire du *Journal le R...* il me dit qu'il regrettait beaucoup que la création de ce journal eût avorté, parce qu'il s'était assuré la collaboration de plusieurs amnistiés et notamment celle de R... C... comme secrétaire de la rédaction, et qu'il était convaincu que cette feuille aurait rendu de réels services.

Il me répéta souvent que le gouvernement n'avait rien à craindre des socialistes proprement dits, dont la politique condamnait et excluait toutes les violences ; ce qu'avaient d'ailleurs affirmé, dans l'*Alliance socialiste*, les plus honnêtes d'entre eux, MM. Jourde, Longuet et Theiss ; que les seuls hommes à craindre et à faire surveiller étaient Cournet, Protot et Eudes. Il me dit aussi que Louise Michel, qu'il connaissait parfaitement, ne lui semblait pas redoutable ; que c'était une femme exaltée, hystérique, enragée surtout contre son sexe, criant très fort, mais incapable de faire mal à un chat.

Il me rapporta qu'il avait eu, dans le courant du mois de décembre, sur le boulevard Montmartre, une très vive discussion avec Protot et Cournet, à qui il avait énergiquement déclaré qu'il ne les suivrait jamais dans la voie révolutionnaire.

C'est ainsi que, par ses révélations à peu près quotidiennes, X...

B... cherchait à gagner les gratifications dont je le comblais au nom de M. Constans.

A diverses reprises, en effet, soit au café de Bade, soit au café Véron, soit chez moi, je lui avais remis des acomptes de cinq cents francs qui lui avaient permis d'arriver au 2 janvier 1881, au moment où j'avais fait surgir sa candidature au Petit Montrouge.

Il faut dire que les besoins de mon collaborateur étaient insatiables et qu'il me demandait constamment de l'argent. C'était, disait-il, pour payer des dettes anciennes au sujet desquelles il était tracassé, ou pour faire patienter des confrères qu'il avait obligé de quitter l'*Intransigeant* en leur promettant un emploi dans le *R*...

Mais je savais parfaitement à quoi m'en tenir à ce sujet, et je ne semblais accepter ses explications que parce que j'avais alors un grand intérêt à ne pas blesser son orgueil, qui ne connaît aucunes limites.

J'ai encore entre les mains plusieurs reçus d'argent, à mon nom, signés par X... B... qui ne voulut jamais s'engager directement envers le Ministre, pensant, peut-être, que, par cette précaution, il pourrait éviter de figurer sur le grand livre des fonds secrets. Mais ce grand naïf se trompait, car son nom y a figuré en gros caractères. M. Constans pourrait le renseigner à ce sujet.

J'ai dit plus haut que X... B... avait retiré sa candidature par ordre, après le scrutin du 9 janvier qui donnait lieu à un ballottage.

Mais ce désistement n'avait pas plu à quelques-uns de ses amis, qui, ne connaissant pas le dessous des cartes électorales, avaient pris sa candidature au sérieux. Ainsi, le 12 janvier, en m'annonçant, au café Véron, que Lucipia, qu'il venait de voir, restait sur la brèche, à la Chapelle, comme candidat socialiste, il me montra une dépêche de Raoul Canivet, qui le pressait de ne pas se désister.

Bien entendu, nous rîmes beaucoup de la naïveté de ce bon ultra-radical que, d'après X... B..., j'aurais pu rallier aussi à la politique gouvernementale, si j'avais voulu lui faire accorder par le Ministre des appointements mensuels. Mais j'ignore si M. Canivet, à qui je n'ai jamais parlé, que je ne connais même pas de vue, a réellement manifesté de semblables dispositions. X... B... ne manquait pas, entre-temps, de m'initier aux agissements de Rochefort et de me raconter les anciennes fredaines de ce violent pamphlétaire, lesquelles, je dois l'avouer, ne me le représentaient pas comme un parfait gentleman.

Il m'apprit aussi de bien jolies choses sur M. Éd. L... et sur beaucoup d'autres de ses ex-coreligionnaires politiques; mais je ne crois pas devoir initier le lecteur à ces étranges confidences.

Quand X... B... m'eut fait, sur le parti révolutionnaire, les communications que je désirais, je me vis obligé de lui déclarer que je ne pouvais lui continuer mes gratifications que s'il trouvait d'autres moyens de se rendre utile.

L'ex-communard m'offrit alors de faire, soit à Paris, soit dans les départements, des conférences en faveur de l'opportunisme, et de plaider principalement la cause du scrutin de liste.

L'idée m'ayant paru bonne, j'en parlai à M. Constans, qui voulut bien aussi l'approuver.

Ceci se passait le 20 janvier 1881.

Le lendemain, à dix heures du soir, j'introduisis de nouveau X... B... dans le cabinet de M. Constans, qui lui affirma, à son tour, qu'il approuvait son projet de conférences, en lui promettant *quatre-vingts francs* par jour pour ses frais de voyage, en lui recommandant de se mettre en route le plus tôt possible et en l'informant que j'étais autorisé à lui avancer l'argent nécessaire pour faire ses préparatifs.

Le 25, à neuf heures du matin, le futur conférencier, à qui j'avais remis cinq cents francs l'avant-veille, vint m'annoncer, chez moi, à Passy, qu'il était tout prêt à partir. En même temps, il voulut bien me communiquer une lettre qu'il avait reçue de Paschal Grousset, dans laquelle l'ex-attaché à la Guerre lui disait qu'il était tout à fait décidé à rentrer à Paris pour y créer un journal d'avant-garde.

Ma voiture était à la porte ; nous y montâmes aussitôt pour nous rendre à l'hôtel Beauvau, où nous trouvâmes M. Constans, armé de son portefeuille et s'apprêtant à se rendre à l'Elysée.

Le Ministre ne prit que le temps de renouveler à X... B... ses premières instructions, de lui enjoindre de correspondre directement avec moi, de lui souhaiter un bon voyage et de signer, à son profit, un bon de quinze cents francs au porteur sur M. Bàdin, caissier central du Ministère de l'Intérieur.

En sortant de l'hôtel Beauvau, l'ex-communard, tout ravi et ayant la bourse pleine, me quitta en hâte, sous le prétexte de faire encore quelques emplettes nécessaires ; et, en me serrant vivement la main, il m'assura que le surlendemain, 27 janvier, sans faute, il partirait pour Lyon, où il devait faire sa première conférence.

(A suivre.)

L'EX-POLICIER ANDRIEUX

Le 18 novembre 1879, je reçus de M. le marquis de R..., l'un de mes meilleurs agents, un rapport dans lequel M. Andrieux m'était signalé comme ayant des rapports assez suivis avec la veuve d'un fils de Miss Howard, amie de Mme la comtesse de Canizy, avec qui il aurait eu aussi, en raison de cette circonstance, des relations de convenance.

Quoique cette communication m'eût été faite sous toutes réserves, je crus devoir la transmettre au Ministre de l'Intérieur, qui s'en émut et me pria de ne pas perdre de vue cette étrange affaire.

J'en parlai aussi le lendemain à M. W... qui me déclara que cela pouvait être vrai, attendu que, selon lui, le Préfet de Police était homme à tout faire pour donner satisfaction à ses fantaisies ou pour se renseigner sur les agissements de ses adversaires politiques.

M. W... ajouta que le parti conservateur avait eu grandement tort de ne pas chercher à s'attacher cet homme, ne fût-ce que d'une façon indirecte, c'est-à-dire en lui laissant la faculté de se dire toujours républicain.

D'après lui, M. Andrieux était porté à prêter son concours à tout prétendant qui lui promettrait la première place dans le Gouvernement après le coup de force ou la révolution parlementaire qui lui fournirait les moyens de s'emparer du pouvoir.

Il aurait voulu, à une certaine époque, me dit l'ex-Préfet du Rhône, se rallier à M. Dufaure, qui lui aurait alors donné un siège dans la magistrature assise, s'il avait consenti à répudier les expressions athées dont il s'était servi au congrès de Naples, ce qu'il eût fait, sans doute, s'il n'avait été retenu par la crainte des risées et des sarcasmes des radicaux.

M. Andrieux, ajouta M. W..., n'aime pas M. Lepère, qu'il voudrait remplacer, grâce à l'appui de M. Grévy, mais il ne réussira pas à entrer à l'hôtel Beauvau parce qu'il a eu le malheur de déplaire à Gambetta et aux radicaux que celui-ci a le soin, en ce moment, de ménager ; aussi ne tardera-t-il pas de perdre sa situation officielle.

Comme on le voit, M. W... ne se trompait point dans ses prévisions.

* * *

On connaît l'affaire Hartmann, que M. Andrieux a longuement expliquée dans ses *Souvenirs* en réclamant, comme pour la saisie de la *Lanterne*, les circonstances atténuantes et en cherchant à démontrer que, comme Préfet de Police, il eut le droit de mettre en état d'arrestation provisoire le nihiliste russe, sur une simple réquisition du Prince Orloff.

Je ne veux point m'appesantir sur cet incident qui donna lieu à des polémiques si passionnées, qui irrita si profondément le parti radical, voire la majorité du Parlement, et qui engagea si gravement la responsabilité du gouvernement républicain.

Tout ce que je puis dire, c'est que M. Lepère me déclara, avec un certain dépit, que M. Andrieux avait fait arrêter Hartmann sans l'en avoir prévenu, et qu'il regrettait d'autant plus cet acte, ou, pour mieux dire, cet abus d'autorité, qu'il était convaincu que le Cabinet ne consentirait jamais à l'extradition de ce révolutionnaire.

Le Ministre de l'Intérieur trouvait que le Préfet, comme toujours, s'était trop hâté en cette circonstance. Il eût mieux valu, disait-il, qu'il laissât partir l'auteur prétendu de l'attentat de Moscou, ce qui eût évité au Gouvernement des embarras dont il ne pouvait sortir sans mécontenter la Russie, en refusant l'extradition, ou sans froisser, en l'accordant, les justes susceptibilités de la majorité parlementaire.

Le 5 mars, M. Lepère m'annonça que l'extradition d'Hartmann ne serait définitivement pas accordée, et que l'autoritaire Andrieux serait chargé *lui-même* de le faire conduire à l'étranger, ce qui eut lieu effectivement, et ce qui dut certainement paraître bien dur à l'outre-cuidant Préfet de Police.

*   *   *

Le 16 février 1880, j'avais trouvé, dans un rapport qui m'avait été adressé par une Mme de S... sur de prétendues fredaines de M. Andrieux, une note, aussi courte que significative, portant ce qui suit :

" Le Préfet aurait eu des rapports, policiers ou autres, assez fré-
" quents avec une jeune et très jolie femme, mariée à un gentilhomme
" étranger, Mme la comtesse de B..., qui, ruinée par son mari, aurait
" sollicité, de ce haut fonctionnaire, une protection qu'il se serait em-
" pressé de lui accorder.

" Grâce à lui, elle aurait pu faire intéresser pour une assez grosse
" part, dans un cercle en vogue, son prodigue époux, qui aurait trouvé
" dans cette combinaison une occupation assez attrayante et assez pro-
" ductive pour le tenir éloigné tous les soirs du domicile conjugal, ce
" qui aurait ainsi permis à la belle comtesse de jouir pleinement de la
" liberté qui lui était nécessaire pour s'abandonner à tous ses caprices
" et à tous ses désirs."

Bien entendu, je n'ajoutai pas une grande importance à cette communication, que je ne relate aujourd'hui que sous les plus expresses réserves, car je ne fis jamais rechercher si elle était absolument conforme à la vérité. Mais, comme je connais l'homme, je pense que cette inconséquence pourrait être ajoutée à toutes celles qui doivent être imputées aux excentricités de son administration préfectorale.

Quoi qu'il en soit, j'en parlai à M. Lepère, qui ne s'en montra pas surpris, et qui en fit avec moi des gorges chaudes.

*
*   *

Dans le courant du mois de janvier 1880, cette même Mme de S... m'avait présenté Mme David, femme du trop célèbre financier-journaliste, que la justice avait frappé pour des délits de diffamation et de chantage, et qui se trouvait de nouveau poursuivi, sur la plainte de la Société Générale.

Mme David, ayant appris que j'avais l'oreille du Ministre, et m'attribuant une influence que je n'avais point, était venue me prier d'obtenir la mise en liberté provisoire de son mari, que le Parquet avait fait incarcérer, après sa condamnation en police correctionnelle, et faisait détenir à Mazas.

Madame David est une femme charmante, toute remplie de grâce et de distinction, douée d'une justesse d'esprit et d'une saine et droite raison qui lui permettent de comprendre les situations les plus délicates, d'en écarter souvent les difficultés et de les faire servir à ses intérêts. Elle est petite, même un peu grassouillette, très bien faite, malgré ce léger embonpoint, et fort jolie par-dessus le marché, ce qui ne lui nuit pas.

Quand je la vis pour la première fois, elle était accompagnée de sa fille, une adorable enfant de seize à dix-sept ans, dont la présence indiscrète compromettait la jeunesse apparente de la mère, à qui, si elle avait été seule, je n'aurais pas donné plus de trente ans ; or, il paraît qu'elle en avait trente-cinq ou trente-six, au moment de cette entrevue, mais je sais de bonne source que, depuis, elle n'a plus vieilli.

Mme David se montra très affectée de l'incarcération de son mari, qui, disait-elle, n'était pas coupable et n'avait été condamné que sous la pression des gros bonnets de la Société Générale, dont il avait eu le malheur de dévoiler, dans son journal, les maladresses financières ; et elle me supplia de lui faire rendre provisoirement la liberté, afin qu'il pût préparer, à son aise, les matériaux de sa défense devant la cour qui allait bientôt statuer sur son appel.

Je ne pouvais moins faire que de lui promettre de recommander son mari au Ministre de l'Intérieur, que je priai le soir même d'obtenir un sursis en faveur du détenu.

M. Lepère, avec sa bonté ordinaire, s'empressa de me dire qu'il en référerait à son collègue le Garde des Sceaux, et qu'il tâcherait de lui arracher la faveur que Mme David sollicitait.

Le 4 février, le Ministre de l'Intérieur voulut bien m'annoncer qu'il avait résolu, en raison des difficultés qu'il avait rencontrées, de prendre sur lui d'accorder un sursis au prisonnier, et il fit télégraphier devant moi à M. Andrieux de venir sur-le-champ à l'hôtel Beauvau, afin qu'il pût lui donner, à cet effet, les ordres nécessaires.

Or, le lendemain, M. Lepère me fit savoir que le Préfet de Police lui avait fourni les plus mauvais renseignements sur le prisonnier, à qui il se serait trouvé obligé, en raison de ses impertinences, de retirer certaines faveurs qu'il lui avait accordées, et que, pour ce motif, il s'était opposé à sa mise en liberté. Toutefois, le Ministre m'assura qu'il reverrait M. Martin Feuillée et qu'il le prierait de faire grâcier M. David.

Le 13 février, en revenant des obsèques de M. Crémieux, M. Lepère me communiqua une lettre du Ministre de la Justice, dans laquelle ce haut fonctionnaire disait qu'il n'était pas possible de grâcier M. David avant le jugement de la cause portée en appel, parce qu'il s'enfuirait sûrement en Angleterre une fois libre, et que ce ne serait qu'après ce jugement qu'on pourrait aviser. Comme, ce jour-là, Mme David m'avait accompagné à l'hôtel Beauvau, je priai le Ministre de vouloir bien la recevoir, ce qu'il fit avec le plus grand empressement:

"Madame, lui dit-il, j'ai tout tenté pour faire rendre la liberté à "votre mari, non pas pour lui, car il paraît qu'il ne mérite guère cette "faveur, mais pour vous, qui êtes digne de toutes les sympathies; "malheureusement, j'ai rencontré une opposition très résolue chez "M. le Préfet de Police, et, chez le Garde des Sceaux, un mauvais "vouloir qui m'ont empêché, à mon grand regret, de vous être "agréable."

Mme David s'inclina et se retira après avoir vivement remercié M. Lepère.

Madame, lui dis-je à mon tour, en sortant du Ministère et en l'accompagnant à sa voiture, vous n'avez plus qu'une chose à faire: puisque M. Andrieux est l'obstacle en cette circonstance, il faut le gagner à votre cause et obtenir son concours.

J'essaierai, me répondit la charmante femme, en me serrant la main.

Le lecteur verra bientôt que sa tentative fut couronnée du plus complet succès.

Le 17 février, M. Lepère me déclara que, d'après les nouveaux renseignements qui venaient de lui être fournis par M. Andrieux, M. David se tirerait difficilement d'affaire devant la Cour d'appel, et que sa condamnation serait probablement confirmée.

Mais il ajouta, toutefois, que si tel était le résultat du procès, il ne permettrait pas que le condamné fût envoyé à Poissy, quelle que pût être contre lui l'animosité du Préfet de Police, animosité que, d'ailleurs il ne s'expliquait pas.

Le 25 février, la Cour confirma le jugement du Tribunal correctionnel qui avait condamné à un an d'emprisonnement le directeur du *Crédit National* et du *Grand Journal*.

Dans les premiers jours du mois de mars, M. Lepère ayant bien voulu ordonner le transfèrement du prisonnier à Ste-Pélagie, Mme David vint à l'hôtel Beauvau (où elle m'avait donné rendez-vous), pour lui en exprimer sa vive gratitude.

En sortant du cabinet du Ministre, elle m'annonça qu'elle allait être présentée à M. Andrieux par un personnage influent, avec qui le Préfet était dans les meilleurs termes, en me disant qu'elle espérait bien dompter la mauvaise humeur de cet irascible fonctionnaire. Elle me promit, en même temps, de me tenir au courant de tout ce qui pourrait advenir du siège en règle qu'elle allait faire de la Préfecture de Police en faveur de son mari.

Or, le 14 avril, le Ministre de l'Intérieur, qui venait de recevoir M. Andrieux, me fit savoir que celui-ci lui avait donné les meilleurs renseignements sur David, dont la conduite à Ste-Pélagie était devenue excellente, aurait dit le Préfet, en ajoutant, à son grand étonnement, qu'on pouvait peut-être demander et obtenir la grâce de ce détenu.

Comme on le voit, M. Andrieux, qui avait reçu plusieurs fois Mme David, commençait déjà à être apprivoisé.

J'ajoute qu'il ne tarda pas à être complètement gagné à la cause du mari de la charmante solliciteuse.

Aussi, sans vouloir relater les diverses circonstances qui précédèrent la mise en liberté de David et favorisèrent plus tard sa fuite en Angleterre, je crois devoir ajouter qu'on pourrait peut-être, sans commettre une trop grave indiscrétion, demander à M. Andrieux s'il ne fut pas pour quelque chose dans la négligence policière qui permit à l'ex-directeur du *Crédit National* de se soustraire à la justice qui allait de nouveau mettre la main sur lui.

(A suivre.)

www.ingramcontent.com/pod-product-compliance
Lightning Source LLC
Chambersburg PA
CBHW051224070726
47595CB00018B/3134